FSC
www.fsc.org

MIXTE

Papier issu
de sources
responsables
Paper from
responsible sources

FSC® C105338

AF137434

L'ENCRE DES MAUX
Tome 2
Sortir du « jeu » de l'égo

Valérie Battaglia

L'ENCRE DES MAUX
Tome 2
Sortir du « jeu » de l'égo

© 2022, Valérie Battaglia
ISBN : 978-2-3224-3173-1
Edition : BoD – Books on Demand, info@bod.fr
Impression : BoD – Books on Demand, In de
Tanpen 42, Norderstedt (Allemagne)
Impression à la demande
Dépôt légal : septembre 2022

Pour le tome 2, il m'a été plus difficile d'écrire avec le "je" (éducation, croyances, le qu'en dira-t-on...). Ce fut donc une très belle expérience.

Je me suis arrêtée à 68 textes car c'est l'année de ma naissance. Le "je suis".

Comme pour le tome 1 (D'elle à il, la complétude), il n'y a ni pagination, ni sommaire.

Vous avez la liberté de lire ce livre du début à la fin ou de l'ouvrir à une page "au hasard". Et si le texte vous parle alors c'est qu'il vous est destiné. Sinon recommencez...

A Anatole et Mallow...

1. Bénédiction

Je récolte ce que j'ai semé depuis des années. Cela prend forme dans la matière. Et en récoltant, je crée d'autres choses.

Je suis restée longtemps dans ma zone de sécurité : résistance, contrôle, volonté que les choses se déroulent d'une certaine manière, etc. J'ai appris et compris que ce n'était pas la bonne façon de procéder et que les histoires que je me racontais étaient fausses. A faire toujours la même chose, j'obtenais toujours la même chose. Changer de manière d'être. Elever ma vibration.

La récolte m'indique qu'il est important maintenant que je passe à la vitesse supérieure. J'en ai envie. Je suis prête. J'enclenche le mouvement. Cela m'enrichit. Me libère.

Je reste vigilante sur mes croyances limitantes. C'est une légère dissonance en moi. Je ne prête pas trop attention à mon égo pour ne pas y mettre de l'énergie. Car là où va la pensée va l'énergie. Mes intuitions me guident. Alors, je m'aligne sur ce qui se manifeste. Tout est en accord. C'est fluide.

Mes échanges sont clairs. Soutien. Partage. Equilibre. Ils sont le levier pour accélérer et créer chaque nouveau pas. Ils sont très enrichissants. Ils sont comme le liant de tout ce qu'il se passe. Cela me tire vers le haut.

Je suis bénie. Cela va au-delà de la gratitude. C'est une constante que je commence à intégrer dans ma vie. Je place la bénédiction en mon cœur. Cela m'évite de tomber dans la dualité. Et m'oriente de manière naturelle.

Ma vie s'embellit de jour en jour.

2. Vigilance

Mes yeux sont ouverts sur ceux qui « m'utilisent ». Je ne suis plus dupe… même et surtout si je ne dis rien.

J'ai acquis une certaine expérience. J'ai vécu des situations qui m'ont fait grandir. Tout ceci me permet d'aller de l'avant de manière plus sage.

J'ai appris à me protéger. Je ne veux plus me faire avoir. Par « défaut », j'ai toujours fait confiance. Je reste confiante car c'est dans ma nature… avec une pincée de prudence à présent. Observer l'autre avant de me mettre en mouvement. Juste prendre le temps. Ce qui me permet d'avancer avec sérénité, tranquillité.

C'est très doux.

Je me sens bien.

3. Comme un aimant

Un sentiment d'échec prend fin. Remise en question.

J'ai trop laissé mon égo faire ce dont il avait envie. Et je ne m'en rendais pas compte !

Si je reste dans l'égo j'attire ce qui ne me plait pas.

Je ressentais un manque et il grandissait car je focalisais trop dessus. Sombres pensées. Auto-conviction.

Ce manque, que je maintenais, m'éloignait de plus en plus de ce vers quoi je tends, convaincue que je ne pourrais l'atteindre. Je supposais avant même de savoir comment cela pouvait se passer. Je dépasse le fait que je ne peux avoir tous les détails, d'ignorer comment les choses se déroulent. Trop de questions et pas assez de réponses. Les réponses je les obtiens en actant dans la matière. Peu importe ce qui peut se passer, la solution apparaît au moment opportun même si je ne l'ai pas anticipé. Si je suppose avant même d'expérimenter, je ne saurais jamais quelle est la vraie solution. C'est le paradoxe ! Je me condamne pour me rassurer en ne donnant qu'une seule et unique chance que les choses puissent se passer ainsi. D'où mes déceptions régulières, puisque dès le premier couac, je m'arrête là. Et je ne vois pas tous les autres possibles qui s'offrent à moi et peuvent être encore mieux que tout ce que j'ai pu imaginer.

Je modifie ma manière de faire, de me positionner, de penser et surtout d'être. Ce qui me permet de constater en direct que j'attire ce que je vibre. Je cesse d'insister. Je ne vois plus la situation comme un échec. Et ce « manque » est, de manière naturelle, comblé. Et quel repos !

Le destin se met en place. Tout un univers s'offre à moi. Je le remplis de ce que je veux. De manière construite, organisée, stable, responsable. Et à partir de là, j'accepte de me tromper et de prendre le temps.

Ce sont les épreuves qui renforcent.

Même ma vérité est relative.

4. Adonner

Autour de moi tout va bien. Beaucoup de bonheur. Des moments à célébrer.

En moi, c'est une autre histoire. C'est houleux. Ca tangue. Comme un tourbillon émotionnel. Et je ne comprends pas pourquoi. Trop de joie ? Réinitialisation du « je mérite » ? Même un changement heureux est déstabilisant.

Je mets à ma disposition tous les outils aiguisés pour m'aider et m'apaiser : revenir à mes valeurs du cœur, faire taire le mental, arrêter de me manipuler, interroger ma boussole intérieure. Je cesse de m'auto-submerger par cette vague émotionnelle avec ses sacs et ressacs. Je me confronte. Je me bats pour moi. Et ce combat est bénéfique. Il me ramène à la joie et la sérénité. Je passe un cap.

J'accepte ce qui est bon pour moi.

Je suis Abondance.

Quand le vent tourne en ma faveur…

5. Cœur + ego = amour

Je cesse de forcer. L'eau ne traverse pas le caillou, elle le contourne.

Je reviens à moi, pour moi, en moi. Je sais qui je suis aujourd'hui. J'ai conscience que sur certains points, mon émotionnel peut me faire défaut. Comment l'utiliser à bon escient pour le transformer en énergie motrice ?

J'utilise mon feu intérieur, mon impulsivité pour exploser ma créativité. Besoin de m'extravertir. En sagesse. Comme la petite fleur qui pousse au milieu du bitume.

« Allez, l'égo, prends des vacances. Cesse de vouloir toujours trop me protéger. Je t'aime et te remercie pour ton aide. Regarde le chemin parcouru ensemble. Maintenant main dans la main, nous allons conquérir un rêve... Le monde dis-tu ? Commençons par le nôtre... Le reste suivra... Oui il y aura de l'inattendu. Je ressens que c'est juste génial ! On s'élance ? »

J'oriente ma pensée sur ce que je vise.

Je le vibre.

Tout part de soi.

Comme un acte de foi.

6. Simplicité

J'ai foi en l'avenir. Je crois en tout ce que je peux réaliser. Et si cela ne se concrétise pas, eh bien, je laisse. En toute simplicité. C'est mon état d'esprit. Quand cela ne mène à rien, pourquoi insister ?

Etre à l'écoute de mes besoins et savoir ce qui est bon pour moi sont une manière de prendre soin de moi. Car personne ne le fera à ma place. Je m'investis dans ce qui me nourrit. C'est tout ce qui compte. Sinon, je lâche.

7. Nouveau regard

L'environnement dans lequel j'évolue m'aide à prendre conscience que ma transformation intérieure a modifié ma vision de la vie. C'est une force. Je suis alignée avec les choix que j'ai fait.

J'ai laissé beaucoup derrière moi. Sur le plan émotionnel, ce fut difficile parfois. Certains deuils sont plus douloureux que d'autres. Ma foi m'a soutenu sur ce chemin. J'y ai déposé mes peurs, doutes, angoisses, liens superficiels, relations toxiques... tout ce qui ne m'appartenait plus. Pour le meilleur.

8. M'autoriser (motoriser ?)

Les schémas familiaux sont souvent un poids. Ce n'est pas un reproche. Cela ne résonne plus. Je m'en libère, je m'émancipe. Ce n'est pas parce que je vis de manière différente que je rejette mon héritage. Vivre selon mes désirs profonds. Être déloyale pour répondre à l'appel de la Vie.

Ma nouvelle manière d'être me sort d'un énorme blocage égotique, de l'obscurité. Comme un éclair : « ah mais ouiiiiiiiiii ». Cela m'apporte encore plus de sérénité. Je ne pouvais le voir avant car il me manquait des pièces du puzzle. Le temps a fait son œuvre.

Comme je n'ai pas encore l'habitude de ce nouvel état d'esprit, c'est un peu déstabilisant pour l'instant. D'un côté, je ressens une déconnexion et en même temps, d'un autre côté, une reconnexion à la Source de toute abondance. Nouvelle vision d'ensemble du côté subtil. Ca m'envahit. Rester bien ancrée, alignée, ici et maintenant.

Je sors de « je ne m'autorise pas » à la co-création. Tout est remis à sa juste place : relations, émotions, spiritualité, ego... Tout...

En route vers les défis, l'imprévu... quoi qu'il se passe, je suis riche de qui je suis.

La Vie m'a toujours apportée ce dont j'ai besoin. Elle a toujours été à mes côtés.

L'Univers me remet sur mon chemin.

Tout est cyclique...

Tout est instable

... peu importe à présent.

9. Une porte s'ouvre

Mon cœur me pousse sur un chemin auquel je ne m'attendais pas du tout. C'est surprenant. Je m'isole pour prendre le temps de la réflexion, pour me centrer. Cela m'ouvre à des opportunités que je n'avais pas vues. C'est un choix décisif qui va bouleverser ma vie. J'écoute cet appel. Avant de prendre une décision, j'ai besoin d'en parler. Mettre des mots sur mes ressentis me permet d'y voir encore plus clair. Cela met en lumière les relations honnêtes et sincères. Et celles qui ne le sont pas. Celles qui me maintiennent en stagnation.

C'est libérateur. Certains de mes filtres se colorent d'autres couleurs.

Je vais au-delà de limites que je m'imposais.

Quelle joie ! Comme une enfant qui découvre le cadeau dont elle a toujours rêvé… les yeux écarquillés, le cœur ouvert, le bonheur à l'état pur…

10. Tout n'est pas toujours ce qu'il semble être

Bien ou mal ? Bon ou mauvais ?

J'ai reçu une nouvelle qui m'a mise en joie. Un grand bonheur. J'en ai pleuré. Comme je ne voulais pas me laisser submerger par cette intense émotion afin de ne pas monter trop haut, j'ai respiré puis suis retournée à mes occupations.

J'ai répondu à cette nouvelle par l'affirmative. Quinze minutes et un échange téléphonique plus tard, c'était retombé. J'étais bel et bien en présence d'une arnaque. Je ne me suis pas effondrée comme certains pourraient le supposer. J'ai souri. Une nouvelle expérience en douceur et qui, à part un moment de bonheur, ne m'atteint pas.

Que m'a appris cette expérience ? Et bien qu'il n'y a ni bien ni mal. Ni bon ni mauvais. Tout est question d'état d'esprit, de regard sur la vie, de recul sur la situation et d'amour de soi. La vie m'indique de prendre un peu plus de temps pour la réflexion...

La joie m'indique aussi que ce projet me tient à cœur. Donc je vais continuer sur ce chemin avec prudence et surtout écouter mes intuitions.

C'est comme jeter une pièce de monnaie en l'air et jouer à pile ou face. Si pile est non et face est oui, vous saurez par le résultat si votre envie est bien réelle.

Cette nouvelle dite « mauvaise » me permet de revoir mes priorités. Tout est question de positionnement. J'aurais pu m'alourdir, m'appesantir ou devenir indécise. Je saisis cette opportunité afin de faire de manière différente. Tout arrive au bon moment.

Aurais-je la faculté de rebondir avec aisance ?

Je poursuis mes rêves...

11. Impulsion

Je me sens comme la petite graine qui a attendu tout l'hiver et qui sous les premiers rayons du soleil pointe le bout de son nez.

Je crois en mes rêves. Pourtant on m'en a dit des choses ! Je n'ai rien lâché. Ce n'est pas venu entacher mes envies.

Tout se transforme car je le décide. Je saisis tout ce qui est en adéquation avec mes rêves.

Aujourd'hui ma transformation se réalise dans la matière. Stop à prendre le passé comme référence ! Stop aux galères, aux croyances ! Toutes mes expériences passées, présentes et à venir sont là pour me renforcer, pour jauger ma foi.

J'ai fait des choix parfois très difficiles et qu'est-ce que j'ai bien fait !

Qu'est-ce que je veux ? Je ne tergiverse plus. J'y vais.

J'accepte mon chemin de vie.

Je découvre ma nouvelle version ! Tout était déjà là et je ne voyais rien ! Et à force de déblayer, de jeter, de trier, c'est apparu. Bonjour Valérie ! Sois la bienvenue.

Je pose la première pierre...

L'Univers est l'architecte.

12. S'activer

Je ne peux plus déroger à mon rêve. Tout se passe en douceur. Cela fait partie de moi. Dans ma tête c'est net et clair. Je veux le voir se concrétiser. J'y mets toute mon énergie. C'est une belle dynamique. La clef est d'écouter ce que je ressens.

Ma vision des choses est aussi importante que celle des autres. J'encourage chacun à être acteur de sa vie. Aujourd'hui c'est moi que j'encourage. J'optimise mon énergie. Elle me pousse.

Il y a un « avant » et un « après ».

Je m'accorde le droit au meilleur.

13. Ma sensibilité

Il est parfois difficile de vivre dans un monde où la sensibilité n'a pas sa place.

J'ai souvent entendu : « tu es (tuer) trop sensible, tu pleures pour un rien, tu es (tuer) bon public, sois forte... »

N'apprend-on pas dès le plus jeune âge à s'endurcir ? Ne serait-ce qu'à l'école : compétition, notes, appréciations... pourquoi ?

Je me déconnecte du monde. Je ne suis pas en absence de l'autre, je suis en ma présence.

Je connais la puissance de ma générosité. J'ai découvert à quel point je suis capable de donner.

Je connais la puissance de mon amour. J'ai découvert à quel point je suis capable d'aimer.

J'ai la souplesse du roseau et la solidité du chêne. Les aigles ne volent pas avec les pigeons...

Je suis devenue indépendante. J'ai mes propres ressources. Je vis ma vie selon mes termes.

Toutes les montagnes sont franchissables.

Je suis la lumière de l'amour.

14. La foi, l'Univers, la Vie

J'ai de la difficulté à voir que j'ai évolué à travers une situation connue qui se représente. Si j'écoute mon saboteur intérieur, je vais à nouveau me planter un couteau dans le dos. Alors pourquoi est-ce que je bloque ? Parce que quand une situation passée se reproduit, mon égo me protège. Mais j'ai grandi. Je peux me rouvrir à mon émotionnel et surtout me délester de ce schéma qui me ronge. A même situation, réaction différente !

Il est temps que je réévalue la valeur que je m'accorde, mes richesses intérieures et celles de mon chemin. Chaque opportunité contribue à mon élévation.

Ce n'est pas parce que la situation ne se passe pas comme je l'avais prévu que je n'ai pas de chance ! Quand la vie me refuse quelque chose c'est qu'elle me préserve de quelque chose de bien pire. C'est une chance. Et quelle chance !! Tout est question de point de vue et de croyances.

Je me reconnecte à cette part émotionnelle trop longtemps mise de côté par peur.

15. Petit à petit

Ma vie change. Cela me met dans une position d'incertitude car je ne sais où aller.

Pourtant le changement est enclenché depuis des années. Je me pose trop de questions. Certaines sont légitimes, d'autres non. Me faire du souci ne sert à rien. Les émotions que je vis sont la conséquence de situations du passé.

Je regarde le ciel et je me dis que tout arrive pour une bonne raison. Toutes les étapes de ma vie sont nécessaires et me font évoluer. Je garde la foi en ma guidance intérieure. La plupart des scénarii que j'ai en tête ne se réalisent jamais.

Je choisis d'écouter mon intuition, de me faire confiance. Mon cœur me guide à être qui je suis. C'est un appel intérieur. Je trouve les ressources en moi dont j'ai besoin. J'enclenche le mouvement.

« Aide-toi et le Ciel t'aidera ».

16. La volonté

J'ai besoin de savoir où je vais pour ne pas perdre pieds. Je sais ce que je veux. Et je ne veux pas que l'on me cache des choses : j'ai besoin de savoir.

J'ai la force, la détermination et le courage de taper du poing sur la table pour dire : « stop ».

J'ai cru que quelque chose serait facile. Et cela me demande encore des efforts. Légère déception. Cela ne va ni avec moi, ni avec la direction que je souhaite prendre.

Ce que j'ai cru beau n'est pas présent. Cela ne me déprime pas. Cela me contrarie un peu.

Et le doute s'installe… Serais-je aller trop vite ? Ai-je fait les bons choix ? Dois-je revenir en arrière ? La décision s'impose. Elle sera très importante pour la suite : lâcher ou continuer.

Je vais y aller pas à pas, ne pas prendre de décisions trop hâtives, laisser les événements se dérouler.

J'ai besoin de réunir tous les éléments avant de me lancer.

Je suis face à un choix.

17. Réflexion

A trop réfléchir, cela crée des blocages, des inquiétudes.

Je me dis des choses pour m'empêcher d'avancer.

Est-ce bien réel ou juste dans ma tête ?

Pourquoi quand quelque chose fonctionne, je crains de souffrir ?

J'ai l'impression de devoir sacrifier l'amour pour ma réussite.

J'ai le sentiment de porter trop de choses toute seule.

Je reviens à moi pour cesser de me manipuler et gérer mes émotions.

18. Le cri de l'évidence

Soit je repousse l'échéance… sauf que la vérité, elle, ne change pas. Et si j'espère une autre vérité, elle ne viendra pas. Et plus je recule et plus cela prend de l'ampleur. Miser sur la sécurité m'apporte un chemin stagnant. Bof… bof…

Soit j'intègre cette réalité et c'est une renaissance. Je sais que l'Univers m'apporte tout ce dont j'ai besoin.

Quoi qu'il en soit, je suis poussée à faire un choix. Si je ne le fais pas, la vie va choisir pour moi. Et si je ne tranche pas je vais toujours subir. A quoi est-ce que je renonce ? A quelque chose que je connais déjà !! Cela m'a-t-il apporté le résultat que je souhaitais ? NON ! Faire de ma petite voix qui me dit : « et si, et si, et si » une alliée, la rassurer et la réorienter dans la bonne direction.

Je décide de suivre mon cœur, de puiser dans ma confiance, ma foi. La vie m'a maintes fois montrée que lorsque je choisis l'élan du cœur, mon énergie est belle. Je ressens de la joie, du bonheur. Je me sens à ma place. Je suis nourrie.

Il est temps de déployer mes ailes et de prendre mon envol.

Et si j'arrêtais de me sous-estimer ?

Je ne suis pas arrivée là où je suis en un claquement de doigt. J'ai toutes les capacités. Et moi seule peux porter ce que j'ai dans le cœur. Personne ne le fera à ma place.

19. La révolution

Je ne veux plus m'engager dans des relations qui ne mènent à rien ou pire font souffrir. Parfois comme une impression de ne pas voir le bout du tunnel.

J'en ai marre que mon égo, mes angoisses se concrétisent. Ca suffit. Ce que je veux dans la vie, c'est être à ma juste place. J'ai mis le doigt sur ce qui m'empêchait d'être authentique.

J'attire à moi l'amour, les situations qui me font grandir à la hauteur de ce que je veux vivre.

Je me sens accompagnée et protégée.

Je ne veux pas que l'extérieur vienne tout faire capoter. J'aspire au calme, au respect, à la douceur et à la longévité des choses.

Je ne veux plus que l'entourage vienne s'immiscer dans ma vie, dans mes choix.

Je ne veux plus porter le fardeau de l'autre.

Je crains d'être à nouveau déçue. Cela m'est arrivée tant de fois. J'ai beaucoup progressé et je me sens bien dans ma vie. Les coups bas, les coups de poignards dans le dos, je connais. J'ai repris le dessus à chaque fois.

Grandir, évoluer dans le calme et si la situation de m'apporte pas cela, je tourne le dos.

C'est une détermination. Je me concentre sur ce que je vibre. Je suis ouverte à tendre les mains à la nouveauté, pour l'instant inconnue. Je laisse place à la vie.

Viva la revolucion !!

20. Ceux qui m'aiment comprendront…

Je m'éveille. Je change le monde. C'est ma mission de vie.

Je continue le combat même si c'est difficile.

J'ai eu peur lors de la traversée de la nuit noire de l'âme. J'ai cherché des réponses. La première fut : n'abandonne jamais. Malgré les blessures, le silence…

Par la solitude, j'ai découvert la présence à moi-même.

J'ai appris l'indépendance à tous les niveaux.

Je n'appartiens à aucun pays, aucune religion, aucun dogme, aucun groupe…

Je suis sortie de l'illusion, du mensonge. J'ai retrouvé le Soleil.

Je suis la partie matière, mentale et divine de la Source.

Je célèbre la vie à chaque instant.

Je suis abondance réincarnée sur Gaia.

Je suis souveREINE en mon cœur.

Je ne me soumets pas.

Je suis la Féminité Sacrée.

21. Détermination

C'est le moment. J'en suis la première étonnée.
Je ne m'y attendais pas. C'est surprenant.

C'est à la hauteur de ce que je désire. Les choses
étaient en place et, en même temps, je ressentais
comme « il-manque-un-petit-je-ne-sais-quoi ».
Et j'ignorais quoi. Et bam ! Tout s'éclaire.

Cela m'amène à mettre derrière moi une manière
de faire. Cela change aussi mes rapports aux
autres.

Tout ce que j'ai vécu commence à faire sens...

22. Revoir ma copie

Je mesure la valeur de tout ce que j'ai vécu.

Je n'ai pas fini ni d'apprendre, ni de comprendre.

Je prends conscience que ce que j'ai pu traduire comme une « erreur » fait partie de mon évolution. Je reviens sur une situation, je repose la question et je laisse venir. Je mesure, je fais le bilan, je réfléchis, je réajuste. Et je décide.

Pour m'inscrire dans mon futur, je revois mon passé avec les conséquences que je connais maintenant. Je dénoue les liens. Je me réconcilie avec lui. Et je le laisse mourir afin de renaître et aller vers de la nouveauté.

Je ne le vis pas comme une régression. Non non. Je reviens sur mon passé pour le transformer, l'ajuster, le comprendre et le pacifier.

J'ai compris l'importance d'avancer et de temps en temps revenir en arrière pour voir la situation dans son ensemble. Je m'arrête, je comprends la mécanique de l'expérience et je me pardonne.

Je ne réagis plus comme avant. Toujours aussi passionnée, j'ajoute à présent une pincée de tempérance. Là est la nouveauté.

Je suis à ma juste place.

Je célèbre mon passé.

23. Le socle

Ma renaissance m'apporte une nouvelle vérité qui s'impose à moi. Elle me pousse à la vivre. Je savais depuis longtemps que je devais mettre des choses en place. Je n'y arrivais pas. C'est comme un rappel : croire en moi. Cela me demande force et ténacité pour me réveiller et me donner la chance de le faire.

Cette renaissance me sort de croyances avec lesquelles je ne suis plus en accord.

Tout ce que j'ai fait pour en arriver là où je suis quand c'était difficile, je peux le faire à présent pour ce qui me tient à cœur.

C'est bien d'avoir des valeurs, des principes ce qui est important aujourd'hui est de les utiliser.

Aurais-je maîtrisé mon diable intérieur ? J'appréhende de suivre ma nouvelle vérité. « Hello, hello l'égo… tu veux bien laisser l'empreinte du passé et me valider toutes mes expériences ? Je te remercie. Ok, je sais ce que tu attends : nous allons donc vivre cette nouvelle expérience validée par mon socle de valeurs pour que tu lâches et enregistres ce nouveau programme ».

Je suis si fière de tout ce que j'ai traversé.

Acte 1…

24. Comestible ou mortel ?

Sur mon chemin, la vie m'offre une opportunité. C'était latent et là cela ne demande qu'à se manifester. Ca prend forme. Les premières pousses.

Je réalise que c'est mon plus grand souhait. Comme un vœu qui se réalise. Et qui ne dépend que de moi. Cela me demande de me positionner, de m'engager.

Si je ne l'ai pas fait jusqu'à présent c'est que j'y résistais. Mes convictions me restreignaient. Je ne m'étais pas autorisée à vivre quelque chose de supérieure, de me laisser aller au moins « explicable ». Je comprends que je peux réaliser beaucoup de choses dans la vie, et je comprends que je m'y suis refusée car il y avait une dimension que je ne pouvais « contrôler », l'émotionnel.

Je maîtrise mon énergie et les évènements. J'ignore cependant à quelle sauce je vais être mangée !! La seule manière de le savoir et d'avancer est de me lancer.

Oser. Faire le premier pas. La suite, je verrai.

Je ne dévoile pas tout de suite mes intentions. J'attends de voir comment les choses évoluent.

A déguster sans modération ! Miam Miam !

25. Quand la situation se retourne

Je suis en joie. Heureuse de ce qu'il se passe. J'accueille.

La vie m'offre une seconde chance. Je vais pouvoir faire de manière différente. Mieux ?

Dans tous les cas, ce que je veux, c'est voir naître un nouvel engagement.

Comme un éclair de génie ! Je vois plein de nouveaux chemins, de possibilités que cela puisse évoluer autrement.

Ma façon de catégoriser trop vite les choses me maintenait dans une prison : ça + ça = ça, ok ! Je pars. Ce n'était pas si alignée que ça tout compte fait.

A présent, je me libère du résultat. Et je verrai bien ce qu'il arrive.

Je me laisse guider.

26. A quelque chose, malheur est bon !

J'ai pressenti quelque chose qui m'est révélée. J'ai la preuve de mon ressenti. Colère et en même temps réconciliation et pardon. Pas avec une personne. Avec moi. Je comprends mes émotions. Et cette compréhension me permet d'avancer pour m'offrir un meilleur avenir. Cela m'apporte une nouvelle façon de penser et me permet d'améliorer mon quotidien. Ce qui me touche est une belle leçon. J'en suis affectée. Dire le contraire serait mentir. J'ai fait confiance trop facilement. Trop de gentillesse. Je me suis investie. J'ai cru en cette réciprocité. J'ai été bernée. Même si mon intuition me disait d'être vigilante, j'y suis allée quand même.

C'est l'heure du réveil. Je ne me morfonds pas car j'ai senti que quelque chose n'allait pas dès le départ.

Maintenant, je sais que je ne peux avoir confiance qu'en moi et que je n'ai besoin de personne pour avancer. Cet amour, cette tendresse, je l'apporterai à ceux qui en valent la joie.

Mes émotions me fragilisent.

Si certains n'ont pas vu ou ne voient pas la belle personne que je suis, tant pis pour eux.

Quel défi ! Sortir du côté figé de la déception.

Encore une page qui se tourne.

Accepter et comprendre pour avancer.

Se diriger vers le meilleur.

Envisager l'avenir pour moi-même.

27. Le balancier

Trouver un équilibre entre ce que j'ai expérimenté, appris, compris, conscientisé et ce que je vis dans la matière et mon positionnement.

Je regarde ma vie et je sais qu'il est primordial de trouver cet équilibre. Dans les hauts et les bas.

Je prends le temps de la réflexion par rapport à ce que cela éveille en moi. J'observe mes pensées, mes ressentis pour démêler le vrai du faux. Maîtriser. Ecouter ce que me dit mon intuition. La connaissance est en moi.

A partir du moment où je trouve cet équilibre, où je patiente avant le passage à l'action, cela m'amène à ce que je désire. La volonté d'être dans ma vérité me permet de passer à autre chose.

Ma force est d'avoir appris à prendre soin de moi d'abord. Par mes nouvelles vibrations, je montre à présent aux autres comment me traiter. Si mes limites ne sont pas respectées, je reste calme et je passe ma route. Je n'ai plus le temps de réexpliquer ma vision du respect. Emotionnellement, je ne m'explique plus.

Je continue à me structurer, à me discipliner, à m'organiser.

28. Grossière parfois, jamais vulgaire !

Je me construis une vie de plus en plus agréable. Peu importe ce qu'il se passe dans le monde. Quand tout se déchaîne au-dessus de la mer, je reste calme à l'intérieur. Tout peut se mettre en mouvement à l'extérieur, je suis sous l'eau dans ma bulle.

Sur certains sujets, je suis inflexible. Je ne me sens pas concerner par toutes ces conneries. Que personne ne vienne me polluer ! Que chacun reste avec ses peurs ! Je me fous des pervers sortis tout droit du cul d'un troll, des excrétions pestilentielles, des déjections expérimentales, des mascarades stériles...

Un nouveau monde s'ouvre. Les couleurs sont belles. C'est puissant. Un gros cadeau de la vie. J'avance vers mon étoile.

Comme un test : suis-je capable de me choisir en premier ?

Quitter le monde du pa(r)-être.

Ne plus se retourner. Jamais.

Bienvenu à toi Peuple de la Terre.

29. A mes marques... prête... go !

J'en ai pris du temps... il est passé... je n'ai rien lâché de l'amour que je porte en moi. J'ai préservé ce sentiment comme un trésor inestimable.

Si cela a pris autant de temps, c'est que j'ai parfois fait preuve d'immaturité. Je sais. J'ai fait l'autruche, fui des situations... Ce temps m'a permis de mûrir. Ce que j'ai expérimenté à ce moment-là était juste. Inutile de m'auto-flageller.

J'attire à présent des situations et des personnes à la hauteur de tout cet amour que je vibre.

Je vis ma meilleure vie !

30. Le deuil de l'idéal

Je suis invitée à me dépasser. Malgré les craintes et les doutes de ce que je vis, malgré un idéal perdu, j'ai envie d'ôter le voile de la confusion et d'aller vers une plus grande clarté d'esprit. Cela me demande d'aller chercher ce qui fait mal et dérange. J'ai besoin de réponses sur ce qui est ancré en moi depuis longtemps. Une nouvelle transition. Ca bouge que je le veuille ou non. Accepter que les choses évoluent. Je tire parti de mon expérience et je rebondis de façon positive. Ouvrir les bras à l'avenir.

31. Ca y est ! Enfin !

J'ai bossé sur le « manque ». Tous les jours. J'ai libéré ce sentiment. C'était ma vibration motrice et je ne m'en rendais pas compte. J'ai tenté de combler un manque par une projection extérieure. Un vide que je n'arrivais pas à combler. J'ai compris : mon insécurité intérieure ne pouvait être combler par l'extérieur. J'y ai apporté mes propres solutions.

Tout est en moi. Tout part de moi.

Cette étape me permet d'être beaucoup plus authentique. Mon égo sur ce point-là est derrière moi. Je suis sortie de la récurrence d'un schéma. Je le sais, je le sens, je le vois dans ma vie.

Le « vide » laissé par cette issue fait place à l'expansion.

Je me sens chanceuse. Comme une impression que je vais conquérir le monde. C'est magique. Création. Transformation. Gratitude. Cercle vertueux. Ouverture. Récolte.

Je suis la clef qui ouvre la porte.

32. Mon choix, ma décision

Même si ce n'est pas pour tout de suite, c'est très proche.

Je suis dans les derniers instants, où je m'isole afin de faire le point avec toutes les informations en ma possession. Je n'en parle plus, je ne m'informe plus.

C'est un compromis que je cherche à équilibrer. Comme un état des lieux : où vais-je ? Où en suis-je ? Qu'est-ce que je désire ? Ce que je suis et fais, qu'est-ce que cela m'apporte ? Qu'est-ce qui m'éloigne de ce que je désire ? Qu'est-ce qui me pousse à faire ce choix ? Qu'est-ce qui est transformateur pour moi ?

Je me sens guidée.

Cette phase est importante pour la prise de conscience. Je crée en moi l'espace de vide nécessaire pour recevoir les informations subtiles afin que tout se mette en place. Prendre de la hauteur pour une nouvelle vision panoramique.

Ce n'est pas une introspection. C'est une réflexion qui m'apporte l'évidence. Mes vibrations de joie attirent encore plus de joie. Je suis heureuse alors que dans la matière rien n'est encore acté.

J'y suis déjà.

33. Addiction

Je me sépare d'une nocivité. Compulsion. Je continue mon évolution. La nocivité est parfois cachée. Comme la souffrance. J'avais besoin d'aller jusqu'au bout de l'expérience pour comprendre... Je ne peux plus. Cela ne me correspond plus. Cela sonne faux. Je cesse de nourrir ce qui ne me convient plus afin de revenir à ce qui plus juste, plus aligné pour moi.

J'intègre la leçon.

Je ne force rien.

Cela me redonne de la joie. Je reviens dans des vibrations plus hautes, plus légères.

Tout est dans l'ordre des choses.

Je dépose cette béquille.

Je me libère. Je me détache.

Je pars vers un renouveau.

Je reste bienveillante avec moi.

Se souvenir du pourquoi je pose ça là...

...et ce qui est important pour moi.

34. La destruction

Avec la complicité de l'Univers un pan de ma vie se détruit. Même si je comprends, même si j'accueille cette destruction, c'est bouleversant. Comme un sentiment de détresse, de perte. Me serais-je déconnectée de mon pouvoir pour en arriver là ? Un passage compliqué mais utile. Je regarde les faits. J'en tire des conclusions.

Cesser de me concentrer ce sur quoi je ne peux changer.

Me reconnecter à ma vie intérieure.

Revenir à ce qui est important pour moi.

Revenir à mes valeurs.

Revenir à l'instant présent.

Méditer.

Calmer le mental.

Prendre le temps.

Me réaligner.

Je me referme pour un temps.

35. Echec et mat

Ah la la ! Ces peurs qui m'empêchent d'être authentique et l'autorisation que je donne à l'autre de me manipuler !! Ca suffit !!

Je mets en lumière un schéma qui m'amène depuis des années à un sentiment d'échec.

Je comprends d'où cela vient et à quoi cette récurrence répond. J'étais en résistance. Cela m'a manipulé à un point ! Comme un corps à corps. Aveuglée ! J'en ai mis du temps à ouvrir les yeux. La vie a insisté, insisté, insisté...

Je change la donne.

Je change de stratégies.

Je décide de voir les choses comme une opportunité.

Je retrouve mon plein pouvoir, ma santé, mon équilibre, ma sérénité.

Je fais corps avec ma vérité.

Il y a un point sur lequel je mets tout mon cœur : être douce envers moi-même... me dire que j'expérimente mon humanité. Et que chaque situation que je vis et chaque personne que je rencontre sont un miroir pour m'indiquer où j'en suis et me faire évoluer.

Je me sens à présent « à la hauteur ».

Je suis la seule responsable de mon bonheur.

Je me pardonne.

36. Je veux !

Il y a une modification dans ma manière d'appréhender les situations. Je le prends moins de façon personnelle. C'est une question de choix.

Je quitte tout ce qui est impulsivité, toxicité, réaction à vif, conflit, oppression, ceux qui soufflent le chaud et le froid. Certaines personnes ne veulent pas être heureuses. C'est ainsi. Elles font des choix de vie qui peuvent paraître incompréhensibles, surprenants. Je laisse.

Je mets mes limites. Je suis stable. Je construis avec lenteur et certitude. Je prends le temps de laisser tomber les débris pour voir où j'en suis, m'écouter et ce que je souhaite.

Je me dirige vers plus de nuances et sors du tout blanc/tout noir.

Je choisis et je gère la vie que je veux.

J'ai toutes les possibilités de libérer mes peurs.

Je trouve le chemin pour avancer dans l'état d'esprit qui est le mien.

Je dépose le « je-ne-veux-pas/plus ».

Je découvre le « je-veux ».

Voyons où cela me mène…

37. Détermination

Ca s'ouvre ! Et c'est moi qui ai ouvert la porte !!
Plus je crée, plus je saisis d'opportunités et plus ça s'ouvre.

Je capitalise sur ma richesse intérieure. Les mains ouvertes, j'accueille la nouveauté.

L'introspection passée a mis en lumière mes parts non éclairées. Il est temps d'appliquer. Cela me demande un dernier effort car l'égo revient : chuuuuuuuuuuuut !

Je sors de mon enfermement introspectif. Je me suis trop regardée le nombril. Trop de détails et de défauts. Comme une auto-analyse permanente. Je me suis trop fait de fausses promesses. Frustration. Culpabilité. Procrastination. Cesser de me créer des expériences négatives pour revenir à l'introspection et en définitive, fuir…

Sortir de ma bulle. Enough is enough !

Mon regard a déjà changé.

J'ai confiance en ma capacité de résilience et de rebond.

Allez, go, j'éclate ma bulle et je saute dans le vide……… aaaaaaaaaaaaaaaaaaaaaaaaaaaaah !

Je tremble, mon cœur bat fort et vite mais waouh que c'est beau !!!

38. Reprise de contact

Je tourne le dos à la confusion, l'indécision, le conflit. Les eaux sont calmes. Quelque chose bouge en moi tout en douceur. Cela arrive de l'invisible. De l'extérieur cela peut donner l'impression d'une stagnation. Je garde confiance. C'est positif.

Certaines peines sont plus longues à guérir. Mes anges sont présents par leur intelligence, leur finesse d'esprit. Ils me nourrissent et me protègent.

J'évite d'aller dans le mental afin de ne pas ressasser.

Je brise un idéal pour repartir sur de bonnes bases.

Je regarde l'horizon.

J'écoute ce qu'il se passe en moi.

Réconciliation.

Seconde chance.

39. Confessions intimes

Je veux une relation sereine, calme, vraie, naturelle, fluide, authentique, réciproque, partager les mêmes valeurs, le même regard sur la vie. Que tout se passe sans se poser de questions. Je suis heureuse par moi-même alors sois ce plus. Et si cela devient trop lourd, je mets de côté. Je préfère alors rester célibataire.

J'ai trop été blessée. Je suis passée par une période difficile. Certes, constructive. Je me suis laissée avoir par de belles paroles ou seulement basée sur la sexualité.

Aujourd'hui, je suis ouverte à une nouvelle relation. Si elle en vaut la joie, j'ai tout mon temps. Sinon, je n'ai plus de temps à perdre.

Quand tu arriveras, apporte-moi du bien-être, du partage, ton vécu, de la complicité, de la communication, de la compréhension. Et à partir de ce moment-là, créons le lien.

Et si le doute nous submerge, ne nous laissons pas rattraper par notre passé...

Laissons le bonheur entrer dans nos vies.

Es-tu prêt ?

40. Victoire !

Je me sens victorieuse. C'est un juste retour des choses. C'est mérité.

La victoire, je suis allée la chercher. J'y ai mis tout mon cœur. Pendant des années.

L'égo vient encore me titiller. Il me chahute mais moi aussi je le chahute !

Une énième fois, la même situation s'est présentée. Je l'ai vu arriver. Et j'ai rivé le clou à mon égo surprotecteur. J'ai fait preuve de maturité face à cette situation. Je suis restée objective. Ce ne fut pas sans mal. « Non l'égo, je ne douterai pas afin que tu ne te rues pas dans la brèche. »

J'ai dit à mes colocataires logés dans ma tête (et Dieu sait qu'ils sont nombreux !) de se taire une bonne fois pour toute.

Ma victoire ? Je passe d'un échec à un échec et mat 😊

Pour mettre au défi mon égo, je lui dis souvent : « Et alors ? Que veux-tu qu'il m'arrive ? Je me vautre ? Et après ? Je n'ai qu'une vie, une année, un mois, une semaine, un jour, une heure… ou peut-être ne me reste-t-il qu'une seconde… »

J'ose ! Je transforme ma chance en opportunité ! Je donne la priorité à la Joie !

41. Une question de temps...

Il n'est point d'épreuves qui ne puissent être surmontées. Il y aura toujours des périodes orageuses. J'ai le courage de me défendre et d'accepter que je suis unique. Nous sommes tous différents et c'est très bien ainsi. La question n'est pas de se comparer mais de trouver sa place.

C'est un pèlerinage. Une avancée lente qui m'apprend beaucoup sur le chemin. Etape après étape, tout en sagesse. C'est sur le chemin que je trouve les réponses.

A chaque pas, je me découvre.

J'apprends tous les jours.

J'ai encore besoin d'un peu de temps...

... et de douceur envers moi.

42. Ce que j'ai sur le cœur

Je dépose un confort qui a été agréable un moment, qui n'est plus suffisant aujourd'hui, qui ne plus nourrit plus suffisamment. Je veux plus, mieux. Je tends vers l'indépendance émotionnelle. Cela ne veut pas dire que je suis seule ou que je ne sais pas demander de l'aide, cela signifie que je ne cherche plus à ce que l'extérieur vienne me combler ou compenser.

Je veux dépasser le manque, la tristesse, les blessures de rejet, d'abandon, de ne pas récolter… j'ai compris que c'est en moi que cela se passe.

J'ai trop longtemps craint de ne pas être à la hauteur, du rejet, de ne pas être aimée, de ne pas avoir les compétences personnelles et professionnelles, du regard des autres.

Trop longtemps, je me suis jugée, ai été dure avec moi, ne me suis pas apportée toute la considération, le mérite, l'amour dont j'ai besoin. Et bien sûr je l'ai attendu des autres. Que n'ai-je fait pour des miettes !

Alors, plume après plume, je me construis : je me chouchoute, je me fais plaisir, je reconnais mes parts qui n'ont pas été aimées, acceptées, mises en lumière.

Je me réalise.

Je me prends dans les bras et me réchauffe.

J'ai envie de « rugir de plaisir ». Voilà mon état d'esprit du moment !

J'observe les différentes possibilités qui s'offrent à moi et parmi ces possibilités, celles qui me conviennent le mieux car je ne veux pas être dans l'illusion. Je ne veux pas seulement les regarder, je veux acter dans la matière. Il est vrai qu'une part de moi hésite à se lancer par peur. Je la dépasse. L'autre part ne dépend pas de moi. Je patiente. Alors que je trépigne. Je tente de maîtriser en moi mon envie de me ruer et d'être dans l'attentisme... belle dualité. Belle expérience.

Je reviens sur les fondamentaux : qu'est-ce que je veux récolter demain ?

Dépasser la persuasion du « manque ».

Ne pas me laisser abattre par les influences intérieures et extérieures qui me fragilisent sur le plan émotionnel.

Me reconnecter à mes ressources personnelles.

M'exprimer.

43. Une nouvelle envie

Je prends le temps de respirer entre 2 réalisations. Je sais que dès qu'un projet se concrétise, je me précipite sur un autre... je suis trop souvent dans la préparation d'une nouvelle aventure.

J'apprends à me poser tout en restant déterminée.

Je savoure.

Je consolide les fondations.

Et je profite de l'instant.

44. La transformation

Le diable est un vrai séducteur et j'ai souvent pris des vessies pour des lanternes. J'ai accepté d'y croire aussi...

Une émotion est éphémère. Elle fait comme une vague : ça monte et ça descend. Cela devient des sentiments quand le mental entre en jeu et se refait le film. Et ça dure... ça dure ! Je m'en suis raconté des histoires !

La première étape fut de prendre du recul par rapport à la situation. Puis de partir. Pour calmer le « je ». Reprendre mon pouvoir pour ne plus me laisser déstabiliser. Je suis parfois mon propre diable. Et je me sabote avec des idées : « je ne vais pas y arriver, la dernière fois j'ai eu mal et ça va recommencer... ».

Puis j'ai compris que tout n'est pas tout blanc ou tout noir. J'ai composé avec cet entre-deux. Il peut y avoir de l'agréable dans le désagréable. L'inverse est vrai aussi.

J'ai mis mon mental au repos. J'ai réfléchi sur mes attitudes égotiques : « Veux-tu avoir raison ou être en paix ? » De toutes les façons, il n'y a jamais de gagnant dans ce genre de situation.

J'ai observé comment j'en étais arrivée là : je n'étais pas dans cette pleine douceur du cœur (intelligence émotionnelle). J'ai cessé de m'auto-déstabiliser.

J'ai alors inversé la tendance. Je me suis redressée, réaffirmée sur la base du cœur. Je laisse mon émotivité, ma sensibilité s'exprimer.

Là est ma vraie force. Et plus je m'équilibre et moins j'ai besoin de forcer à l'extérieur.

Je laisse exister ce que je ressens.

Je cesse de faire semblant de tout maîtriser, de tout contrôler.

Ma plus grande victoire est de me montrer telle que je suis.

45. Gratitude

J'ai pleuré. J'ai lâché les derniers débris. Puis… l'évidence. C'est fulgurant. C'est intérieur. C'est un éclat de lucidité.

Je comprends que cette situation qui a été un cataclysme dans ma vie, m'a sauvée !! Aujourd'hui je vois de l'autre côté du prisme. Cela m'a permis et me permet de m'apporter tout l'amour dont j'ai besoin. J'ai passé une étape de ma vie. Une guérison.

Si je n'avais pas vécu tout cela, je n'aurais jamais pu accueillir tout ce que je vis dans ma vie depuis (les cadeaux cachés).

Tout ce dont j'ai besoin aujourd'hui, je l'ai. Et ce vers quoi je vais ne correspond plus à ce que j'ai pu vivre « avant ». En définitive, j'ai vécu « avant » dans le manque de moi.

La vie m'a réorientée sur mon chemin de manière brutale.

Tu m'as dit un matin que tu ne m'aimais plus et pourtant, sur le plan humain, tu m'as offert le plus beau des cadeaux d'amour : me permettre de me réaliser par moi-même. Et malgré toute la douleur, l'envie de mourir, les peurs… je te remercie du plus profond de mon cœur.

46. Libérer, accepter, être

Il est important que je m'ouvre au monde extérieur, aux personnes qui m'entourent.

Mon état d'esprit, par rapport à ce que j'ai vécu dans le passé, fait que j'ai tendance à me renfermer sur moi-même. Je suis très passionnée, j'ai beaucoup d'envies. Si je reste sur les « erreurs », les blessures du passé, cela ne fera que me freiner. Et cela crée des peurs, des doutes pour demain. Être forte, courageuse et confiante.

Je me libère de toutes pensées négatives.

Je me libère de fardeaux qui ne sont pas toujours les miens.

Je me libère de la pression que je m'inflige.

Je me libère de mon éducation qui ne me correspond plus aujourd'hui.

Je me libère de tout ce qui est trop « bien rangé ». Tenter l'expérience du désordre.

Je suis la Source de toutes choses.

J'accepte qu'il n'y ait que moi qui puisse créer mon bonheur.

J'accepte que chaque personne ait sa propre identité.

J'accepte que ma sensibilité soit parfois démesurée. Je me laisse submerger par mes émotions. Je ressens trop de choses. J'ai parfois de la difficulté à gérer. Je suis lucide là-dessus.

Devenir juste avec moi et les autres.

Profiter de la vie.

Sourire.

M'accorder des moments de bonheur, seule ou
avec les personnes que j'aime.
La vie est belle.

47. Motivée ! Motivée !

Je retrouve de la motivation et de l'enthousiasme. C'est passionnant. J'agis et j'entreprends !

Plusieurs options s'offrent à moi. Certes je suis animée par la passion et mon côté réaliste, lucide et objectif sont présents : faire le bon choix selon ce que je désire.

J'ai fait preuve de patience. J'ai attendu longtemps, longtemps. Et certains jours, aïe, aïe aïe… ce n'était pas évident. J'ai surtout attendu d'être mieux avec moi-même. Le bon moment. Et ça je le comprends maintenant. Encore une fois tout est juste. Et même si c'est ce que je me répétais aux moments où je rongeais mon frein, ce fut parfois laborieux.

C'est la fin de cette expérience…

Quand l'affectif et le professionnel s'unissent.

La base : confiance, honnêteté, sincérité, richesse.

48. La tête haute

Je fais face à mes ennemis. Intérieurs et extérieurs. Comme un dernier combat à mener pour ne pas revivre le passé, pour ne pas me laisser blesser.

Je ne montre pas mes insatisfactions. Je garde tout à l'intérieur pour paraitre sous mon meilleur jour, pour ne pas rentrer dans le jeu des médisances, des vibrations basses... Ce n'est pas parce que je ne dis rien que je suis dupe. La meilleure des défenses est l'ignorance.

Je suis plus forte que tout ce qui m'est arrivé et tout ce que l'on m'a dit.

Il y a une partie de moi qui s'enferme dans sa carapace et l'autre partie, tout feu tout flamme.

Je me détache de tout ce qui ne me convient plus car aujourd'hui je prends des initiatives pour moi. Je mets des choses en place pour que cela change et bouge.

Alors, tout prend sa juste place. Je me sens bien. Les soucis sont derrière (déceptions, situations fragilisantes). J'ai éliminé les vibrations qui n'étaient pas bonnes pour moi.

Je prends soin de moi, je me materne.

Et je prends soin de ceux qui ont de l'importance dans ma vie.

Je suis en paix.

49. Reprendre les rênes

J'y vais. Vers où, je l'ignore encore. Droit devant. Le regard tourné vers l'avenir.

J'ai fait beaucoup de place. Cela m'a demandé du temps, de l'énergie, des choix. J'ai juste élagué ce qui ne me convenait plus. J'ai créé de l'espace.

Maintenant je prends et garde dans ma vie ce qui m'apporte de la plus-value, ce qui résonne en moi, me donne d'autres idées. Un espace que je fais neuf tout en gardant ce qui me convient. Je capitalise.

Moment de réflexion sur ce qui se présente à moi. En même temps, la cocréation se met en place. Echange d'énergie avec les autres puis prendre un instant pour moi afin d'intégrer, d'équilibrer. En étant complémentaire, chacun se nourrit de l'énergie de l'autre. D'où l'importance de me retrouver dans mon entièreté.

Prendre le temps de créer l'espace pour ressentir.

50. Aux aguets

Je passe à l'étape supérieure. J'accueille à bras ouverts la roue qui tourne. La vie m'apporte tout ce dont j'ai besoin pour faire tourner cette roue. Tout ce qui arrive est une occasion pour transformer, évoluer. C'est un cadeau et peu importe l'emballage, je l'ouvre et découvre ce qu'il y a à l'intérieur. Voir au-delà des apparences 😄

J'ouvre un champ de connaissances et d'expériences.

Ma vie s'enrichit.

51. Ne m'attaque pas ou je mords !

Je comprends qu'il est important que je m'impose. Je sens au fond de moi que si je veux atteindre mon but (et peu importe les domaines), il est nécessaire que je me montre. Sinon il ne se passera rien ! Cela va en surprendre quelques-un(e)s !

J'ai ce côté très posée, polie et de l'autre, attention si on vient me piquer, je peux me montrer très acide. Je veux bien être gentille et j'ai mes limites. Et quand elles sont atteintes, je peux rentrer dedans. Tout dépend aussi des circonstances car il est plus important d'être en paix que d'avoir raison. Pour l'instant, mon essentiel est d'aller vers mon but. Donc je tempère. Je sais qu'avec ma douceur et mon tact, tout passe. Donc inutile d'être piquante.

Tempérer mon impulsivité, mon orgueil.

Et si je n'ai pas d'autre choix que d'exploser, c'est qu'il doit en être ainsi.

Mon attitude dépend de la personne en face de moi.

52. Mettre un pied devant l'autre

Entre mon rêve et la réalité, il n'y a qu'un pas. Et ce pas, je décide de le faire.

Il y a une confrontation entre ce que je veux vivre et mon égo qui a de la difficulté à lâcher. C'est lui qui me confronte. Cela me demande un petit effort, mais c'est moi qui aurais le dessus car mon rêve est plus fort. Ma projection est claire et nette. L'honnêteté envers moi aussi. Et de manière sereine. Je confronte mon égo car je sais ce qu'il y a à lâcher. C'est le pas en avant. Cela s'impose à moi. C'est évident. Cette croyance maintenue et qui n'est plus utile.

La seule personne qui s'est empêchée c'est moi.

53. Avancer

Je me laisse aller, guider, bichonner, chouchouter…. Je laisse les choses se faire.

Je comprends qu'il est important de vivre l'instant présent, de profiter de la vie.

M'apporter de l'amour et en apporter aux autres.

Faire ce qui me tient à cœur.

Observer ce qu'il se passe autour de moi.

Être à mon écoute et à l'écoute de l'autre.

Rester fidèle à ce que je suis.

Le renouveau est là…

54. M'offrir un cadeau

Je fais ce qui est bon pour moi. Et ce qui est bon, c'est que je mets de la distance par rapport à des situations, des personnes... Il est important que cela sorte de mon tableau de vie. Pour un moment. Une distance pour une guérison. C'est un choix qui n'est pas évident. Cela me demande beaucoup de force et de courage d'acter cette distance. Pour combien de temps, pourquoi, pour quoi, je l'ignore. Pour l'instant, cela me permet de respirer. De reprendre mon souffle. Si je ne le fais pas, je vais continuer à souffrir. Loin de moi, l'idée de faire du mal ou de la peine ou encore de contrôler, non non... c'est pour moi que je le fais.

Cela me permet de revenir vers la légèreté, la spontanéité.

Pratiquer l'égoïsme. Me responsabiliser. Libérer d'anciennes vibrations pour de nouvelles.

Mon corps me suit comme s'il n'attendait plus que mon « go ». Je l'écoute. Je ne suis plus en lutte. S'il me réclame du repos, je me repose. S'il a faim, je mange. S'il veut sortir, je sors... Je suis en accord avec tout ce qui se passe en moi... et mon intuition se décuple.

55. Miroir, mon beau miroir

Je vis une détermination forte et très posée.

Même, et surtout, s'il y a des pièces du puzzle qui ne sont pas encore à leur place.

J'observe mon reflet dans le miroir. Je cherche quelque chose en moi. Avec ce que je perçois chez les autres, je me découvre aussi. Comme une quête. Comprendre.

Je prends le temps mais je veux trouver les pièces du puzzle manquantes : qu'est-ce qui me rend triste, me déçoit, est compliqué, que j'ai à dépasser ?

Une volonté de voir clair. De retrousser mes manches. J'y arriverai. Je dépasserai ce qui est difficile. Je nettoierai mon cœur. Je trouverai ce qui m'a blessée.

Prendre une décision. Faire le deuil d'une part de moi qui me dessert. Découvrir de nouveaux horizons. Vivre de nouvelles aventures.

Là où j'avais une forme de stabilité contrôlée, en me regardant en face, droit dans les yeux, je découvre un vrai alignement intérieur. Cette force en moi attire l'extérieur. Et l'engagement se fait tout seul.

La guérison est proche.

Les réponses aussi…

56. L'examen

Quand un vœu s'exauce…

Afin de l'accueillir l'Univers m'y a préparée. Parfois de manière difficile et parfois dans le bonheur. Je me rends compte que si c'était arrivé avant je n'aurais pas pu saisir ma chance. Il était important que je chemine.

J'ai créé cette possibilité en traversant les différentes expériences de la vie. Je me sens plus forte et surtout surtout dans la gratitude.

J'écoute mon enfant intérieur et le côté responsable de l'adulte. J'ai tourné le dos à l'immaturité. Je maintenais un même schéma qui me faisait stagner. J'ai passé en conscience cette part émotionnelle. Et j'en ai mis une nouvelle.

57. Secouez-moi, secouez-moi !

Le coup de clairon qui réveille !! Inattendu !!

Je reviens aux sources, à ce que je suis pour de vrai. C'est une prise de conscience intérieure.

Tout ce qui est devenu irrespirable pour moi explose et cela me permet de me retrouver, de retrouver de la liberté, du plaisir.

Je me libère de mes propres entraves, de certaines illusions, de la peur des autres !!! C'était pas gagné... j'ai eu tendance à rester dans ma grotte, mon intériorité, à focaliser sur le boulot, le boulot, le boulot. Ca suffit ! Je laisse la place à l'Amour.

Je fais tomber toutes les armures qui me protégeaient. Sans mon armure, je suis toute nue. Et je me sens vulnérable. Faire la différence entre vulnérabilité et faiblesse. Sans mon armure, je suis ce que je suis. Je m'extériorise. Je me reconnecte au cœur. J'ai mis toutes ces protections car sur le plan émotionnel je n'étais pas suffisamment mure. Je n'avais pas confiance en moi, en mes ressentis, en ma capacité à ne pas me laisser déstabiliser par mes émotions. Je sors du cercle vicieux : dès que je me sens déstabilisée, je coupe et il n'y a plus personne. Je n'ai plus besoin de cela. En sortant de ma grotte, je retrouve le contact à l'autre, en mes rêves... Je découvre des richesses insoupçonnées à travers les autres (façon d'être, expérience, ressources, compétences).

A travers l'échange d'être à être, je prends contact avec ma force intérieure. Je tire de la force du « être ensemble ».

J'ai mis de la lumière sur ce qui m'enfermait. Pour l'instant, cette lumière est une lueur. Je suis guidée par mon intuition. Et à travers les autres. Je continue dans cette voie. Je suis curieuse d'expérimenter et de sentir si cela me plaît ou non. Et cette expérimentation me donne des réponses : est-ce que c'est pour moi ? Est-ce que ça m'a plu sur le moment et pas sur le long terme ? Qu'ai-je envie de faire et refaire et qui m'éclate ?

Je continue d'observer ce qui me correspond vraiment mais plus toute seule. Je partage mes observations. Je défends aussi ce qui me tient à cœur, ce que je comprends.

Le but est de partager avec les bonnes personnes, pas avec tout le monde. Je veux bien me rouvrir au monde mais ne pas me laisser envahir. Juste avec les personnes qui ont la même vision que moi et avec qui je peux rêver : que va-t-on créer demain ?

J'ai besoin de me familiariser avec ce nouveau regard sur la vie.

En route vers de nouvelles aventures !

58. Passé, présent, futur

Passé : le jeu de dupe

Le passé a profité de ma candeur. Abus de confiance. Je n'ai pas voulu ni croire ni entendre ni comprendre ni voir… le « ce n'est pas possible » ! Déni. Qui était-il avec moi ? Qu'est-ce que j'ai autorisé, qui s'est exprimé et qui n'était pas juste ? Beaucoup de stress, d'angoisse. Sur quel pied danser ? Brisée. Un mental perdu qui n'arrivait pas à se positionner. Toutes les peurs sont remontées. Je suis sortie de cette dynamique qui n'était pas bonne pour moi…

Présent : nouvelle vie, transformation profonde, renaissance

Le présent me permet de revenir à moi et de me concentrer sur moi. Je m'autorise à être moi-même. J'apprends à être bien avec moi. J'explore mes peurs du passé toujours présentes. Je réfléchis, je dors, je me ressource, je médite pour trouver ma voie intérieure. Quelles sont ces peurs cachées ? Les mettre en lumière et leur apporter tout l'Amour dont elles ont besoin. Je me structure pour naître et pour faire naître ce que je veux. Je tourne ma candeur vers moi : innocence, honnêteté, pureté… pour créer ce que je veux et ce qui me ressemble. Je pose mes vœux. Tout est possible là où mon regard se pose.

Futur : la réconciliation

Le futur m'autorisera à aller à la rencontre de l'autre dans toute sa diversité car je serai en sécurité à l'intérieure de moi. Je me montrerai telle que je suis : laisser s'exprimer toutes les parts de moi. La relation sera authentique, équilibrée, construite, en conscience, dans l'accueil de l'autre. La rencontre extérieure sera à l'image de ma rencontre intérieure.

Le futur est une succession de moments présents.

Passé, présent, futur… un claquement de doigts ! Une fraction de seconde. Une illusion ?

59. Le point culminant

Je ne déroge pas à ce que je suis et à ce que je désire. Je n'ai pas tenu tout ce temps pour faire une entorse à tout cela quelles qu'en soient les raisons. J'ai « combattu », maîtrisé, introspecté, ce n'est pas pour qu'aujourd'hui je succombe à mon saboteur.

Je prends de la hauteur et je vois les choses dans leur ensemble ainsi que les points de détails importants pour moi.

Je comprends mon parcours. J'ai conscience que tout cela se fait pas après pas, temps après temps. J'ai compris qu'il est important de vivre des expériences, les traverser, commettre des erreurs, échouer, se relever, avoir des succès pour que cela avance. Grâce à tout cela je passe au stade suivant. Nouvelles portes. Nouvelles opportunités. Je reste droite dans mes bottes et je maintiens le cap.

Je vis le chemin. Et c'est une autre façon de vivre les choses : la différence entre cette impression d'arriver sur le chemin et être consciente que je suis en train de le construire et de le vivre. Ca change tout !

Mes interrogations étaient tournées vers l'extérieur. Les réponses se trouvent dans ce que je suis en train d'expérimenter : mes parts non-éclairées déclenchaient de l'auto-sabotage. Ce qui me donnait l'impression de stagner. Je prends conscience de mon saboteur intérieur. Il sera toujours là. La différence c'est que maintenant j'y mets de la lumière. Et cela se transforme en une force motrice.

Cela renforce ma sécurité intérieure et l'amour que je me porte.

Et consolide ma perspicacité sur les évènements.

60. Le séisme

Je voulais que ça bouge et bien ça bouge. Limite tremblement de terre !!!

C'est le point de jonction entre tout ce que j'ai appris, compris, tout le parcours, toutes les expériences et ce qui se manifeste dans ma vie. Quel enrichissement intérieur ! Et par effet vibratoire, enrichissement extérieur !

Je me surprends à m'exprimer et suis surprise de ce qui en découle ! Que du positif !

Mon socle fait que je me sens en sécurité. Ce qui me permet d'aborder les situations même les plus déstabilisantes de manière très sereine. Il n'y a plus de retour en arrière sur l'estime de moi. C'est intégré. Je me détourne des situations qui ne me correspondent plus. Merci. Aurevoir. Chacun peut vivre sa vie comme il le souhaite. Je m'estime trop par rapport à tout ce que j'ai vécu pour tolérer, accepter ce qui n'est plus en accord avec mes vibrations.

Par ce fait, je comprends que je faisais porter sur l'extérieur la mécanique de l'injustice. Ce ne sont pas les situations qui étaient injustes envers moi. Ces situations me montraient simplement cette part d'injustice. C'était à moi de décider si je faisais mon Caliméro. Je me suis souvent posé la question : « Pourquoi je ressens ce sentiment ? Que puis-je en faire ? N'y a-t-il pas une autre manière de voir, de vivre les choses ? ».

Je transforme.

Je prends mes responsabilités.

Je suis riche de mon chemin.

61. S'aimer

Je me suis trop souvent sentie limitée par l'extérieur. Dans quelle mesure me suis-je enfermée dans des pensées, des croyances ? Certes, je vois de manière claire que je me suis limitée toute seule. Mais cette limitation ne s'est pas faite toute seule ! Ces limites m'ont été inculquée par l'extérieur (famille, amis, professeurs, amants, collègues, média...). La transformation se fait sur les idées des autres. Pas de tout le monde. De certaines personnes. J'ai fait du tri dans mes relations. Parfois de façon radicale hors de toute diplomatie !!

Je ne me laisse plus faire face à a ce qui m'entoure. Maintenant je me défends. Foutez-moi la paix ! Tout ce qui a pu m'être envoyer en pensées, en paroles, en acte... je vous le rends.

Qui m'a inculqué cette manière de penser ? Ce n'est ni pour juger, critiquer, punir ou condamner les autres, je rends à César ce qui appartient à César. Je n'en veux à personne, chacun ses croyances. Ca leur appartient.

Je sors de l'ombre des autres.

J'ose m'affirmer, suivre mon intuition. Cette petite voix en moi. Je l'affirme haut et fort.

Je suis ce que je sens à l'intérieur. Je m'écoute moi et rien que moi. Cela ne veut pas dire que je suis complétement hermétique à mon environnement. Je sens ce qui est bon ou pas pour moi. L'indépendance émotionnelle pour moi-même et par moi-même. Je n'ai pas besoin de la bénédiction des autres pour m'aimer. Je n'ai pas besoin du jugement des autres pour me dire si je suis aimable ou pas, si je suis une bonne personne ou pas. Il n'y a que moi pour sentir si je suis à ma place.

J'accouche de la meilleure version de moi-même. Je m'aime d'abord pleinement. Je manquais d'amour pour moi en obéissant aux croyances, aux injonctions des autres.

C'est un beau défi que de revenir à soi car je suis restée limitée pendant trop longtemps : écouter les autres, vouloir faire plaisir.

Je n'ai plus besoin de batailler, de discuter et parfois même hurler ! Cela n'a pas été facile : descendre en soi et tordre le cou aux limites.

Je me fais plaisir, je me nourris et là, je peux réellement faire plaisir et aimer les autres.

Je m'accueille.

Purification du cœur.

C'est fluide et calme.

Je n'ai plus rien à prouver aux autres.

Je savoure…

Je suis la personne la plus importante dans ma vie. Si je ne prends pas soin de moi, qui le fera ? Personne…

62. Hourra !

Je suis arrivée à un stade dans ma vie où je suis prête à prendre un nouveau chemin. C'est un élan qui me fait me sentir victorieuse. Cela me porte. Je suis dans un amour profond.

J'accepte de prendre ce virage.

Mon égo s'est présenté sous la forme de peurs : ne pas être à la hauteur, blessures, projections... et cela m'entravait. Ce fut un rude combat. Le conflit interne se libère. Et tout s'aligne.

J'y vais en douceur. Ce n'est pas que je me retiens d'y aller, j'ai besoin de stabilité, de fiabilité. Une étape après l'autre. Je suis précautionneuse par rapport à ce que j'apporte. Je prends le temps de voir ce que l'autre apporte aussi. J'y vais avec lenteur mais pour grimper, pour m'élever et laisser derrière moi toutes les anciennes limites, blessures... afin que mes nouvelles pensées me nourrissent et nourrissent l'autre.

Le cœur est ouvert. L'harmonie est là.

Je suis dans le partage : construire tout un monde ensemble.

La confiance est (re)trouvée.

Je saisis les opportunités.

Les situations se débloquent.

Hâte de découvrir la suite du chemin délivrée de cette dualité intérieure !

63. L'arc-en-ciel

Comment ai-je fait quand après avoir été blessée, trahie, découragée... j'ai repris goût à la vie ?

Je me suis longtemps isolée, en introspection. Je suis descendue au plus profond de moi. Je me suis accordée du temps. J'ai eu des prises de conscience. Et...

J'ai appris à m'aimer, à me respecter, à vivre pour moi, à m'apporter de la joie et du bonheur. J'ai pris ma vie en main. Je me suis responsabilisée. J'ai laissé partir ce qui devait partir. J'ai tourné le dos à l'ennui, à tout ce qui était instable. J'ai mis de la nouveauté dans ma vie. J'ai partagé mes idées. Je me suis apportée de la tendresse, de la douceur. J'ai respecté mon rythme. J'ai mis de la distance avec tout ce qui me maintenait dans l'échec.

Je ne suis pas restée sur les mensonges et les hypocrisies. Les mensonges m'ont aussi permis de voir la réalité en face et de m'échapper de situations toxiques. J'ai souvent pensé qu'il y aura toujours des jours meilleurs. J'ai pensé à moi d'abord. J'ai pris des décisions. J'ai mis de la couleur dans ma vie, de la nouveauté, j'ai souri, je me suis fait justice.

Je ne suis pas restée sur la défaite, la tristesse, la déprime. J'ai choisi de regarder l'arc-en-ciel. J'ai eu besoin de prouver et de me prouver que je suis capable de, que je ne reste pas sur une défaite. C'est parce que j'ai flirté avec les abysses que j'ai rebondi. Vous n'avez pas cru en moi ? Eh bien, je vais me battre. Cela m'a donné de la force et de la puissance.

J'ai découvert que j'étais beaucoup plus forte que je ne le croyais.

Je ne suis ni dans la vengeance, ni dans la méchanceté. Juste que je suis vigilante sur ma gentillesse. Beaucoup l'on prit pour de la faiblesse. J'ai trop toléré et supporté. Je n'ai pas su/pu m'imposer. J'y ai mis un terme et des limites.

Vous ne me tromperez plus. Je vois qui vous êtes derrière ce masque !

64. L'équilibre

L'union entre mon intériorité et l'extérieur. Cela passe par l'apprentissage avec les autres.

J'ai trouvé mon équilibre émotionnel. Avec douceur, harmonie. Je prends soin de moi et des autres sans être envahie. Je ne parle pas de stabilité mais d'équilibre.

Cela me donne maintenant la facilité de descendre en moi. Comme mon émotionnel est équilibré, il ne vient plus me « chatouiller ». Le « trop ».

L'extérieur me montre cet équilibre : prises de décisions, engagements… avec joie, satisfaction et sérénité.

Plus je m'ouvre, plus je montre ma vulnérabilité, plus que je reçois à la hauteur de ce que je donne. J'ai passé le cap du « si je montre ma vulnérabilité, on va me faire mal ». C'est en sécurité maintenant. Mon lien à l'autre devient plus profond. J'ai en face de moi des personnes qui prennent soin de mon émotionnel et qui le nourrissent.

Qu'il est bon de ne plus se protéger…

Prendre sa place et rayonner sans en faire trop, sans jeu de pouvoir, sans avoir à en souffrir…

Tout est naturel. L'équilibre intérieur se reflète à l'extérieur.

Merci à tous les miroirs.

Prochaine étape : la stabilisation.

Trancher et structurer.

65. Même…

Même si j'ai des doutes, des hésitations, j'avance.

Même si je n'ai pas toutes les réponses.

Même si certaines personnes se mettent en compétition. Se comparent. Alors que toutes les expériences de vie ne sont pas comparables. Je m'écoute. Je me fais confiance. Je ne crains pas d'essayer. J'ose. Parfois c'est audacieux. Tout est question d'équilibre et de choix. Ecouter son cœur. Laisser de côté ceux qui disent : « tu vas te planter », « arrête » ! Arrêter quoi ? Qui je suis ? Faire comme je suis ? Je ne veux plus du superficiel lié aux apparences.

Même si parfois j'ai tenté des aventures qui ont échouées, le temps a passé depuis. Devrais-je donc prendre moins de risques ? J'ai la force et le courage de faire ce que j'ai à faire. De dire ma vérité. Ce fut long pour me stabiliser. Alors je protège mon bonheur. Le bonheur est un choix. Un choix de cœur et des actions. Etape après étape, j'ai créé un environnement qui me convient. Je suis comblée et épanouie.

Même si la vie n'est pas toujours toute rose. Même si tout n'est pas parfait. Je compose. Dans la douceur et la bienveillance. J'accepte les aléas. Je me rassure moi-même. Je lâche et je reviens à l'essentiel. Et dans mon entourage, je trouve du réconfort et du soutien.

Je réalise mes vœux.

Et quoi qu'il arrive, je suis toujours gagnante.

Je m'aime.

66. La bonne étoile

Quand je doute et que j'ai peur de ne pas y arriver, j'écoute la petite voix en moi et voici ce qu'elle me chuchote : « Regarde comme l'avenir est rayonnant, lumineux. Tout dépend de toi. Si tu y crois, il y a toutes les raisons pour que tout se passe bien, que tu aies l'aide, le soutien, la lumière de l'énergie divine. Laisse les autres parler, laisse-les apprendre de toi. Ils ne seront jamais comme toi… »

Je regarde la réalité en face et je prends conscience que je suis une belle personne, que j'ai tout pour réaliser tout ce que je veux.

Je comprends et j'accepte que si certaines personnes sont froides avec moi, ce n'est pas qu'elles ne m'apprécient pas, c'est qu'elles m'envient car elles n'oseront jamais…

Je comprends et j'accepte que la colère que je ressens face à moi, les inconvénients, les blocages de la vie ne sont là que pour m'amener à la réflexion, pour m'aider à évoluer et à me libérer.

Je comprends et j'accepte que mon intuition, ma vision des choses, mon ambition, ma spiritualité, ma connaissance, ce que je fais dans mon métier avec mes mains, avec mon cœur, c'est puissant.

Je comprends et j'accepte que l'on puisse avoir des avis différents. Chacun sa vision de la vie. Peu importe que l'on me critique, me juge mal, me rabaisse, que l'on ne soit pas d'accord avec ma façon de penser, de m'organiser, je laisse couler. Le plus important est mon expansion. Ces personnes-là n'ont pas porté mes chaussures. Elles ne savent pas les sentiers et les montagnes que j'ai franchis pour en arriver là où je suis.

Je sais que la chance est de mon côté. J'ai des cadeaux tout le long de mon chemin. Et tout m'aide à grandir.

Je suis en joie, heureuse, satisfaite.

Quoi qu'il se passe, j'ai confiance.

Être moi est ce qui illumine ma vie.

67. L'avancée

Je suis persuadée de l'avancée de mon chemin. C'est une confiance très forte. Je sais que c'est la bonne direction.

Je me projette en dehors de l'égo. Tout ce qui me faisait douter, l'inquiétude, l'abandon, la trahison… mon égo en est libéré. J'y vois clair. Authenticité avec moi.

Mon enfant intérieur et mon feu sacré adorent ça. Je ressens cette évidence.

Cette incarnation crée des ouvertures. Tout se met en marche. Et de manière spontanée.

La clef est la libération de l'égo.

Tout existait déjà mais ne prenait pas forme. Tout était déjà à ma disposition mais cela ne se matérialisait pas. Et là tout revient pour être reconstitué. La pièce manquante du puzzle est apparue. Toutes les pièces sont là et je vois où je vais. Je sais ce que je suis.

La projection est sur du long terme. Je reste connectée à ce ressenti.

J'ai confiance en ma connaissance. Quelle foi ! Quel alignement !

Je vais à la rencontre de ma vie.

Mais que c'est beau ! Yes !!!!!

68. 10 juillet 1968

JE SUIS